AF602361

JUGEMENT

RENDU

PAR LE CONSEIL DE GUERRE

Extraordinaire de Marine,

TENU A L'ORIENT,

PAR ORDRE DU ROI.

21. mai

1784.

JUGEMENT
RENDU
PAR LE CONSEIL DE GUERRE TENU A L'ORIENT,
PAR ORDRE DU ROI,
PRÉSIDÉ PAR M. LE COMTE DE BREUGNON,
LIEUTENANT-GÉNÉRAL DES ARMÉES NAVALES :

PRONONCÉ ET EXÉCUTÉ EN VERTU DES ORDRES DE SA MAJESTÉ.

EXTRAIT DES REGISTRES DU GREFFE
DU CONSEIL DE GUERRE EXTRAORDINAIRE DE MARINE,

Du vingt-un Mai mil ſept cent quatre-vingt-quatre.

VU en la Chambre du Conſeil tenant à l'Hôtel des Ventes au Port de l'Orient, par Nous PIERRE-CLAUDE HAUDENAU, COMTE DE BREUGNON, Commandeur de l'Ordre Royal & Militaire de St. Louis, Lieutenant-Général des Armées Navales, ci-devant Embaſſadeur de SA MAJESTÉ auprès de l'Empereur de MAROC,

Président du Conseil de Guerre ; en présence de Messieurs COMTE DE GUICHEN, Chevalier des Ordres du Roi, Lieutenant-Général des Armées Navales ; COMTE DE LACARRY ; MARQUIS DESHAYES DE CRY ; COMTE D'ARBAUD DE JOUQUES ; COMTE DE LA MOTHE PICQUET, Commandeur de l'Ordre Royal & Militaire de St. Louis, aussi Lieutenants-Généraux des Armées Navales ; COMTE DE MARIN ; CHEVALIER D'APCHON & COMTE DE CHERISEY, Chefs-d'Escadre des Armées Navales ; MARQUIS DE NIEUIL ; CHEVALIER DE BALLEROY ; CHEVALIER HUON DE KERMADEC & THEVENARD, Capitaines des Vaisseaux. Le Procès Criminel en commencé à la Requête, & entre Sieur JEAN-BAPTISTE HENRY, VICOMTE DE PONTEVÈS-GIEN, Chevalier de l'Ordre Royal & Militaire de St. Louis, Capitaine des Vaisseaux du Roi, Major du Corps-Royal de la Marine, Division de Brest, faisant fonctions de Procureur de SA MAJESTÉ au Conseil de Guerre, en ladite qualité, demandeur & accusateur d'une part,

ET

Ordre des Vaisseaux & Frégates tel qu'il étoit dans la ligne de Bataille, Babord amure, ordre renversé, le 12 Avril 1782.

L'HERCULE.

JOSEPH-GABRIEL DE POULPIQUET, Chevalier DE COATLÈS, Lieutenant de Vaisseau, Aide-Major du Corps-Royal de Marine, embarqué sur le Vaisseau l'*Hercule*, ayant pris le commandement dudit Vaisseau à la place de M. DE LA CLOCHETERIE, tué le 12 Avril 1782.

JOSEPH AMANIEU DE RUAT, Lieutenant de Vaisseau, embarqué sur ledit Vaisseau.

LE NEPTUNE.

LAURENT-EMMANUEL DE RENAUD DALEINS, Capitaine des Vaisseaux du Roi, commandant le Vaisseau le *Neptune*.

LE SOUVERAIN. Neuvieme Division de la ligne de Bataille, ordre renversé.

JEAN-BAPTISTE DE GLANDEVÈS, Chevalier de l'Ordre de St. Jean de Jérusalem, Brigadier des Armées Navales, Capitaine des Vaisseaux du Roi, commandant celui le *Souverain*, commandant la neuvieme Division dans l'ordre renversé.

LE PALMIER.

JOSEPH-JACQUES-FRANÇOIS DE MARTELLI CHAUTARD, Capitaine des Vaisseaux du Roi, commandant celui le *Palmier*.

LE NORTHUMBERLAND.

MARIE-GABRIEL DE COMBEAU DE ROQUEBRUNE, Enſeigne de Vaiſſeau, embarqué ſur celui le *Northumberland*, ayant pris le commandemant dudit Vaiſſeau le 12 Avril 1782, après la bleſſure mortelle de M. de S.t CÉSAIRE, Capitaine-Commandant, & la mort de M. de la METTRIE, Capitaine en ſecond.

L'AUGUSTE.
Huitieme Diviſion de la ligne de Bataille, ordre renverſé.

LOUIS-ANTOINE DE BOUGAINVILLE, Chef-d'Eſcadre des Armées Navales, commandant la troiſieme Eſcadre & la huitieme Diviſion ſur le Vaiſſeau l'*Auguſte*.

PIERRE-JOSEPH DE CASTELLAN, Capitaine des Vaiſſeaux du Roi, Capitaine de Pavillon dudit Vaiſſeau l'*Auguſte*.

AUGUSTIN DE TRUGUET, Lieutenant de Vaiſſeau, embarqué ſur ledit Vaiſſeau l'*Auguſte* en ladite qualité, faiſant fonctions de Major de l'Eſcadre bleue.

L'ARDENT.

JEAN-GUILLAUME-MICHEL DE GOUZILLON, Capitaine des Vaiſſeaux du Roi commandant le Vaiſſeau l'*Ardent*.

ALEXANDRE-CLAUDE DE MALYS LE GRAND, Lieutenant de Vaiſſeau, & Lieutenant-Colonel, embarqué ſur ledit Vaiſſeau l'*Ardent* en qualité de Commandant en ſecond, & de Lieutenant en pied.

GUILLAUME-CASIMIR LE VENEUR DE SIEURN, Enſeigne de Vaiſſeau, embarqué ſur ledit Vaiſſeau l'*Ardent*.

LOUIS-CASIMIR-MARIE AVICE DE TOURVILLE, Enſeigne de Vaiſſeau, embarqué ſur ledit Vaiſſeau l'*Ardent*.

JOSEPH-ANASTASE DE S.T PERN, Enſeigne de Vaiſſeau, embarqué ſur celui l'*Ardent*.

ANTOINE PINIERE DE CLAVIN, Enſeigne de Vaiſſeau, embarqué ſur ledit Vaiſſeau l'*Ardent*.

CHARLES-FRANÇOIS LE GROING DE LA ROMAGERE, Enſeigne de Vaiſſeau, embarqué ſur ledit Vaiſſeau l'*Ardent*.

LE SCIPION.

PIERRE-ANTOINE DE CLAVEL, Capitaine des Vaisseaux du Roi, commandant celui le *Scipion.*

LE BRAVE. Septieme Division de la ligne de Bataille, ordre renversé.

CLAUDE-FRANÇOIS REGNARD DEFUSCHAMBERG, Comte d'AMBLIMONT, Brigadier des Armées Navales, commandant la septieme Division, ordre renversé de la troisieme Escadre, sur le Vaisseau le *Brave.*

JEAN-BAPTISTE DE MARBOTIN RUBERANS, Lieutenant de Vaisseau, embarqué en ladite qualité sur ledit Vaisseau le *Brave*, & chargé des Signaux.

LE CITOYEN.

ALEXANDRE DÉTHY, Capitaine des Vaisseaux du Roi, commandant celui le *Citoyen.*

L'HECTOR.

JULIEN-FRANÇOIS DE BEAUMANOIR, Capitaine des Vaisseaux du Roi, embarqué sur le Vaisseau l'Hector en qualité de Lieutenant, & en second, ayant pris le commandement dudit Vaisseau, le 12 Avril 1782, à la place de M. de la VICOMTÉ tué un quart d'heure avant la reddition dudit Vaisseau.

FRANÇOIS-PIERRE-JEAN DE KERMORIAL, Lieutenant de Vaisseau, embarqué sur ledit Vaisseau l'*Hector.*

MARIE-JEAN-ELIE DEMOULINS DE ROCHEFORT, Lieutenant de Vaisseau, embarqué sur ledit Vaisseau l'*Hector.*

CHARLES-ARMAND-MATHURIN DE LA GARDE, ci-devant Officier Auxiliaire, & à présent Lieutenant de Frégate, embarqué sur ledit Vaisseau l'*Hector.*

JEAN BASSIERE, Officier Auxiliaire, embarqué sur ledit Vaisseau l'*Hector.*

LE CÉSAR. Sixieme Division de la ligne de Bataille, ordre renversé.

MICHEL-GEORGES LAUB, Capitaine des Vaisseaux du Roi, embarqué en second sur celui le *César*, ayant pris, le 12 Avril 1782, le commandement dudit Vaisseau à la place de M. de Marigny, commandant la sixieme Division, blessé mortellement à neuf heures & demie.

LOUIS

SUITE du Vaisseau LE CÉSAR. Sixieme Division de la ligne de Bataille, ordre renversé.

LOUIS SIMONY DE BROUTIERES, Enseigne de Vaisseau, embarqué sur ledit Vaisseau le *César.*

JOSEPH RUAULT DUPLACY, Officier Auxiliaire embarqué sur ledit Vaisseau le *César.*

LE DAUPHIN ROYAL.

PIERRE-ANTOINE DE MONTPEROUX, Capitaine des Vaisseaux du Roi, commandant celui le *Dauphin-Royal.*

JEAN-BAPTISTE ROCH DE GUERPEL DE BAR, Enseigne de Vaisseau, embarqué sur ledit Vaisseau le *Dauphin-Royal*, chargé des Signaux.

LE LANGUEDOC. Matelot d'avant de la Ville de Paris, dans la ligne de Bataille, ordre renversé, Babord amures.

JEAN-FRANÇOIS Baron D'ARROS, Capitaine des Vaisseaux du Roi, Brigadier des Armées Navales, commandant le Vaisseau le *Languedoc.*

LA VILLE DE PARIS. Cinquieme Division de la ligne de Bataille, ordre renversé.

JEAN-BAPTISTE-FRANÇOIS DE LA VILLÉON, Capitaine des Vaisseaux du Roi, & Capitaine de Pavillon sur le Vaisseau *La Ville de Paris*, commandant ledit Vaisseau sous les Ordres du Général.

PIERRE-RENÉ-MARIE DE VAUGIRAUD DE ROSNAY, Chevalier, Capitaine des Vaisseaux du Roi, embarqué sur celui la *Ville de Paris*, faisant les fonctions de Major-Général de l'Armée.

JEAN-BAPTISTE DE CIBON, Capitaine des Vaisseaux du Roi, embarqué sur ledit Vaisseau la *Ville de Paris* en qualité d'Intendant de l'Armée.

JEAN-LOUIS DE TREDERN DE LEZEREC, Capitaine des Vaisseaux du Roi, embarqué sur ledit Vaisseau la *Ville de Paris*, faisant les fonctions de Capitaine en second.

JEAN-LOUIS Chevalier DE BRACH, Lieutenant en pied, chargé du Détail, embarqué sur ledit Vaisseau la *Ville de Paris.*

JACQUES-PAUL-ROBERT DE LEZARDIERE, Enseigne de Vaisseau, embarqué sur ledit Vaisseau la *Ville de Paris*, en qualité de Sous-Aide-Major.

SUITE DE LA VILLE DE PARIS. Cinquieme Division de la ligne de Bataille, ordre renversé.	CHARLES DE BLAIS, Enseigne de Vaisseau, embarqué sur ledit Vaisseau la *Ville de Paris*. FRANÇOIS-MARIE DU BOUEXIC, Enseigne de Vaisseau, embarqué sur ledit Vaisseau la *Ville de Paris*. JOSEPH DE TANOUARN, Enseigne de Vaisseau, embarqué sur ledit Vaisseau la *Ville de Paris*.
LA COURONNE. Matelot d'arriere du Vaisseau la *Ville de Paris*.	CLAUDE DE MITHON, Capitaine des Vaisseaux du Roi, commandant le Vaisseau la *Couronne*.
L'ÉVEILLÉ.	ARMAND, LE GARDEUR DE TILLY, Capitaine des Vaisseaux du Roi, commandant le Vaisseau l'*Éveillé*.
LE SCEPTRE. Quatrieme Division de la ligne de Bataille, ordre renversé.	LOUIS DE RIGAUD Comte DE VAUDREUIL, Chef-d'Escadre des Armées Navales, commandant le Vaisseau le *Sceptre*, commandant la quatrieme Division.
LE GLORIEUX.	JEAN-HONORÉ DE TROGOFF DE KERLESSY, Lieutenant de Vaisseau, embarqué sur celui le *Glorieux*, ayant pris le commandement dudit Vaisseau, le 12 Avril 1782, pour remplacer M. le Baron DESCARS, tué à neuf heures du matin. LOUIS-HYPPOLITE-MARIE URVOY DE PORTZAMPARC, Enseigne de Vaisseau, embarqué sur ledit Vaisseau le *Glorieux*. CHARLES-PAUL-LÉONARD DE MONTIGNY, Enseigne de Vaisseau, embarqué sur ledit Vaisseau le *Glorieux*.
LE DESTIN. Troisieme Division de la ligne de Bataille, ordre renversé.	FRANÇOIS-LOUIS-EDME-GABRIEL DU MAITZ DE GOIMPY, Capitaine des Vaisseaux du Roi, commandant le Vaisseau le *Destin*, & la troisieme Division, ordre renversé.
LE MAGNANIME.	JEAN-ANTOINE LE BEGUE, Comte du S.t Empire, Capitaine des Vaisseaux du Roi, Directeur de l'Artillerie de la Marine à Brest, commandant le Vaisseau le *Magnanime*.
LE RÉFLÉCHI.	CHARLES DE MÉDINE, Capitaine des Vaisseaux du Roi, commandant le Vaisseau le *Réfléchi*

LE CONQUÉRANT.

CHARLES-MARIE DE LA GRANDIERE, Capitaine des Vaiſſeaux du Roi, commandant le Vaiſſeau le *Conquérant.*

LE MAGNIFIQUE.

JEAN-BAPTISTE DE MACARTY MACTEIGUE, Capitaine des Vaiſſeaux du Roi, commandant le Vaiſſeau le *Magnifique.*

LE TRIOMPHANT. Deuxieme Diviſion de la ligne de Bataille, ordre renverſé.

LOUIS-PHILIPPE DE RIGAUD, Marquis DE VAUDREUIL, Lieutenant-Général des Armées Navales, commandant la ſeconde Eſcadre & la deuxieme Diviſion ſur le Vaiſſeau du Roi le *Triomphant.*

JOSEPH-SATURNIN DE MONTCABRIÉ DE PEYTES, Capitaine de Vaiſſeau & de Pavillon ſur ledit Vaiſſeau le *Triomphant*, ayant remplacé M. LE CHEVALIER DU PAVILLON, tué à huit heures un quart du matin, le 12 Avril.

LOUIS FROGER, Chevalier DE L'ÉGUILLE, Lieutenant de Vaiſſeau, embarqué ſur ledit Vaiſſeau le *Triomphant*, faiſant les fonctions de Major de l'Eſcadre blanche & bleue.

LA BOURGOGNE.

CHARLES DE CHARITTE, Capitaine des Vaiſſeaux du Roi, commandant celui la *Bourgogne.*

LE DUC DE BOURGOGNE. Premiere Diviſion de la ligne de Bataille, ordre renverſé.

CHARLES-RÉGIS CORIOLIS D'ESPINOUSE, Chef-d'Eſcadre des Armées Navales, commandant la premiere Diviſion de l'Eſcadre blanche & bleue, ſur le Vaiſſeau le *Duc le Bourgogne*, ordre renverſé.

JOSEPH-FRANÇOIS-SAMSON DE CHAMPMARTIN, Capitaine des Vaiſſeaux du Roi, commandant ledit Vaiſſeau le *Duc de Bourgogne*, en qualité de Capitaine de Pavillon.

LE MARSEILLOIS.

HENRI-CÉSAR DE CASTELLANE MAJASTRE, Capitaine des Vaiſſeaux du Roi, commandant celui le *Marſeillois.*

LE PLUTON.

FRANÇOIS HECTOR D'ALBERT DE RIONS, Capitaine des Vaiſſeaux du Roi, commandant celui le *Pluton.*

LA FRÉGATE L'AMAZONNE.

CHARLES ELZÉAR BOURGAREL DE MARTIGNAN, Enſeigne de Vaiſſeau, commandant la Frégate l'*Amazonne* au lieu & place de M. DE MONTGUYOT.

LA FRÉGATE L'AIMABLE.	JEAN-BAPTISTE-FRANÇOIS DE SUZANNET, Chevalier, Lieutenant de Vaiſſeau, commandant la Frégate l'*Aimable.*
LE CUTTER LE CLAIR-VOYANT.	FRANÇOIS ROBERT, Vicomte d'ACHÉ, Enſeigne de Vaiſſeau, commandant le Cutter le *Clair-voyant.*
LA FRÉGATE LA GALATHÉE.	JOACHIM DE ROQUART, Lieutenant de Vaiſſeau, commandant la Frégate la *Galathée.*
LA CORVETTE LA CÉRÈS.	LOUIS-JEAN-MARIE BARON DE PAROY, Lieutenant de Vaiſſeau, commandant la Corvette la *Cérès.*
LA FRÉGATE LE RICHEMONT.	JOSEPH-LOUIS DE CANILLAC, Lieutenant de Vaiſſeau, embarqué en qualité de Lieutenant & en ſecond ſur la Frégate le *Richemont*, commandée par M. DE MORTEMART.

Tous Défendeurs & Accuſés d'autre part.

ET ENCORE ENTRE

LE DIADEME.	LOUIS-AUGUSTIN DE MONTECLER, Capitaine des Vaiſſeaux du Roi, Brigadier de ſes Armées Navales, commandant le Vaiſſeau le *Diadême.*

ET JOSEPH-FRANÇOIS-HUBERT DE LA HAYRIE, Lieutenant de Vaiſſeau, embarqué ſur le Vaiſſeau l'*Hector*, tous deux accuſés, décédés dans le cours de l'inſtruction : ſavoir; l'Ordre du ROI du vingt-neuf Août mil ſept cent quatre-vingt-trois, ſigné LOUIS, & plus bas le Maréchal de CASTRIES, par lequel SA MAJESTÉ dit : que s'étant fait repréſenter les rapports faits par les Conſeils de Marine extraordinairement aſſemblés dans les Ports, ſur la conduite tenue par ſon Armée Navale dans le Combat livré le douze Avril mil ſept cent quatre-vingt-deux, à la hauteur de la Dominique, & voulant faire juger ſi les Ordres tranſmis par les Signaux du Général ont été fidélement exécutés, ſi les Ordonnances qui font une loi aux Matelots du Général d'être plus occupés de la défenſe de ſon Pavillon que de la conservation de leurs propres Vaisseaux n'ont point été violées ; enfin, si chaque Commandant d'Escadre, de Division, de Vaisseau, de Frégate, ou autres Bâtiments a tenu dans cette action la conduite que lui prescrivoit les Ordonnances, attendu qu'il est important pour le maintien de la discipline que les coupables, s'il en existe, soient punis suivant la rigueur des loix & pour l'honneur des Officiers inculpés, qu'ils soient loués sur leur conduite si elle a été irréprochable : SA MAJESTÉ a résolu de faire constater pour une instruction réguliere qui peut seule rendre la punition plus exemplaire, ou la justification plus éclatante, les faits rélatifs aux Chefs ci-dessus spécifiés : elle a en conséquence ordonné & ordonne qu'il sera assemblé le vingt Septembre mil sept cent quatre-vingt-trois, un Conseil de Guerre que le S.r Comte DE BREUGNON, Lieutenant-Général des Armées Navales présidera, composé des Sieurs Comte DE GUICHEN, DE LACARRY, Vicomte DE ROCHECHOUART, Comte d'ARBAUD & Comte DE LA MOTTE PICQUET, Lieutenants-Généraux des Armées Navales ; Comte DE MARIN, Chevalier D'APCHON & Comte DE CHERISEY, Chefs d'Escadre des Armées Navales ; Marquis DE NIEUIL, Chevalier DE BALLEROY, Chevalier HUON DE KERMADEC & THEVENARD, Capitaines des Vaisseaux ; le Sieur Vicomte DE PONTEVÈS-GIEN, Capitaine de Vaisseau, Major du Corps-Royal de Marine y faisant les fonctions de Procureur du Roi, leur attribuant, SA MAJESTÉ, tout Pouvoir, Jurisdiction & Connoissance ; ordonne SA MAJESTÉ que les Journaux & Pieces qui ont été déposés au Greffe desdits Conseils de Marine soient remis au Greffe du Conseil de Guerre. Ordonne aussi que pareille remise sera faite des Informations prises dans lesdits Conseils de Marine ; mais pour servir de Mémoire seulement. Seront en conséquence les Témoins entendus de nouveau dans les informations du Conseil de Guerre, à la Requête du Procureur du Roi. La Lettre Ministérielle dudit jour vingt-neuf Août adréssée à mondit Sieur le Comte DE BREUGNON, contenant l'envoi dudit Ordre du Roi, & nomination du S.r SIVINIANT, Greffier de la Prévôté de la Marine de Brest, pour Greffier du Conseil : autre Ordre du Roi du onze Septembre audit an, signé LOUIS, & plus bas le Maréchal de CASTRIES, par lequel SA MAJESTÉ dit : étant informée que ledit Sieur Vicomte DE ROCHECHOUART, Lieutenant-Général des Armées Navales, qu'elle a, par Son Ordre du vingt-neuf Août dernier, compris au nombre des Juges qui doivent composer le Conseil de Guerre à assembler à l'Orient, ne peut remplir cette Commission; elle a substitué audit S.r Vicomte DE ROCHECHOUART ledit Sieur Marquis DESHAYES DE CRY, autre Lieutenant-Général des Armées Navales, auquel elle attribue les mêmes Pouvoir, Jurisdiction & Connoissance qu'aux autres Juges nommés par sondit Ordre du vingt-neuf Août. Mande SA MAJESTÉ à mondit Sieur le Comte DE BREUGNON, Président du Conseil, de reconnoître & faire reconnoître ledit Sieur Marquis DESHAYES DE CRY en ladite qualité. La Lettre Ministérielle dudit jour onze Septembre, contenant l'envoi dudit Ordre du Roi addressé à Nous Président. Le Réquisitoire du Procureur du Roi, du vingt-un Octobre mil sept cent quatre-vingt-trois, tendant à fin d'enrégistrement desdits Ordres du Roi. Le Jugement du Conseil de Guerre dudit jour vingt-un Octobre, qui ordonne que lesdits Ordres du Roi seront enrégistrés au Grefte du Conseil de Guerre, pour être exécutés selon leur forme & teneur. L'Ordre du Roi du trois Novembre mil sept cent quatre-vingt-trois, signé LOUIS, & plus bas le Maréchal DE CASTRIES, par lequel SA MAJESTÉ dit : que par son Ordre du vingt-neuf Août précédent, elle a nommé le Sieur Vicomte DE PONTEVÈS-GIEN, Capitaine de Vaisseau, Major du Corps-Royal de Marine, pour remplir les fonctions de Procureur du Roi au Conseil de Guerre établi à l'Orient par ledit Ordre, pour juger la conduite tenue par ses Officiers dans le combat naval livré à la hauteur de la Dominique, le douze Avril mil sept cent quatre-vingt-deux; & SA MAJESTÉ voulant expliquer ses intentions, tant sur les fonctions dudit Procureur du Roi, que sur l'instruction & le rapport de la Procédure, Elle a ordonné & ordonne que ledit Sieur Vicomte DE PONTEVÈS-GIEN se renfermera dans les fonctions prescrites aux Procureurs du Roi par l'Ordonnance criminelle de 1670, que le Conseil de Guerre choisira parmi les Officiers qui le composent, & nommera deux Commissaires qui seront chargés de faire l'information, les interrogatoires, les récollements & confrontations conjointement ou séparément, suivant que les cas & la célérité à apporter dans la Procédure l'exigeront; l'un desquels Commissaires, & le plus ancien en grade, sera nommé Rapporteur, & l'autre assistera à tous les rapports pour rappeller tous les faits essentiels qui auroient pu échapper. Entend SA MAJESTÉ que les suffrages seront pris à commencer par le Rapporteur & le second Commissaire, & ensuite suivant l'ordre établi par l'Ordonnance : SA MAJESTÉ voulant aussi expliquer ses intentions sur le partage des fonctions entre ledit Sieur SIVINIANT, Greffier de la Prévôté de la Marine à Brest, nommé Greffier audit Conseil de Guerre, & le Sieur BOURGOIN, Greffier au Châtelet de Paris, envoyé audit Conseil; Elle a ordonné & ordonne que le Sieur SIVINIANT restera Greffier du Conseil de Guerre, pour en retenir tous les Actes & les enrégistrer, & que le Sieur BOURGOIN sera chargé de faire les fonctions de Greffier dans toute l'instruction de la Procédure; mande SA MAJESTÉ à Nous Président & aux Officiers composant le Conseil de Guerre établi à l'Orient, d'exécuter & faire exécuter ledit Ordre. Le Réquisitoire du Procureur du Roi tendant à fin d'enrégistrement dudit Ordre du Roi, nomination des deux Commissaires & prêtation de serment des Greffiers. Le Jugement du Conseil de Guerre, du dix Novembre mil sept cent quatre-vingt-trois, qui ordonne que ledit Ordre du Roi sera enrégistré au Greffe du Conseil de Guerre, pour être exécuté selon sa forme & teneur, nomme M. d'ARBAUD DE JOUQUES & M. DE CHERISEY, Commissaires pour faire l'information, les interrogatoires, récollements & confrontations, conjointement ou séparément, suivant ce que les cas & la célérité à apporter l'exigeront, & porte que mondit Sieur d'ARBAUD DE JOUQUES, comme plus ancien en grade, sera & demeurera Rapporteur, & enfin, ordonne que lesdits Sieurs BOURGOIN & SIVINIANT prêteront serment, lesquels pour lors présents en la Chambre de Conseil ont prêté le serment de bien & fidellement exercer les fonctions qui leur ont été prescrites par l'ordre de SA MAJESTÉ, de tenir les Délibérations du Conseil secretes, & de se comporter suivant & ainsi que le devoir de leur Commission le demande

& exige d'eux, ce qu'ils ont juré & promis faire, dont il leur a été donné Lettres. Le Réquisitoire du Procureur du Roi présenté à mondit Sieur le Comte DE BREUGNON, portant plainte contre ceux qui se seroient rendus coupables des faits énoncés en ladite plainte, & qui n'auroient pas fait, dans le Combat du douze Avril mil sept cent quatre-vingt-deux, tout ce que leur devoir leur prescrivoit de faire : l'Ordonnance de mondit Sieur le Comte DE BREUGNON, du dix dudit mois de Novembre, portant qu'il en sera par lui référé en la Chambre du Conseil. Le Jugement du Conseil de Guerre rendu sur son rapport ledit jour dix Novembre qui donne acte audit Procureur du Roi de sa plainte, lui permet de faire informer des faits y contenus, circonstances & dépendances pardevant mesdits Sieurs D'ARBAU DE JOUQUES & DE CHERISEY, Commissaires; comme aussi, ordonne que les Journaux, Signaux, Plans & autres Pieces concernant le Combat du douze Avril seront apportés & déposés au Grefle du Conseil de Guerre par tous les Officiers de tous grades de l'Armée, leurs Maîtres d'Équipage, Maîtres Pilotes, Maîtres Canonniers & autres qui seront jugés nécessaires, pour en être pris par ledit Procureur du Roi & par le Conseil telle communication qu'il appartiendra. A faire ledit dépôt, tous dépositaires contraints à la premiere sommation qui leur en sera faite à la Requête dudit Procureur du Roi, ce faisant, déchargés; & enfin, ordonne que les informations, interrogatoires & autres procédures extrajudiciaires faites dans les différents Ports de Marine, par ordre de SA MAJESTÉ, seront pareillement déposés au Grefle du Conseil, pour servir de Mémoires seulement, pour l'information faite & communiquée audit Procureur du Roi être par lui requis, & par le Conseil ordonné ce qu'il appartiendra. Les Originaux d'assignations données aux Témoins arrivés à l'Orient, en vertu des Ordres du Conseil de Guerre, à la Requête dudit Procureur du Roi, en date des 11, 12, 13, 14, 15, 18, 20, 21, 22, 24, 25, 26, 27, 28 & 29 Novembre dernier, premier & deux Décembre suivant, par Exploits DE LOUIS-VINCENT HUON, Huissier Audiencier au Siége de l'Amirauté de Vannes, demeurant à l'Orient, & ceux en date des 3, 4, 6, 11,

12, 13, 15, 16, 17, 18, 19, 20, 21, 22, 23, 24, 26, 27, 29, 30 & 31 Décembre audit an; 2, 3, 5, 6, 7, 8, 10, 12, 13, 14, 15, 16 & 17 Janvier mil ſept cent quatre-vingt-quatre, par Exploits de CHARLES PERON, Huiſſier, Viſiteur, Leſteur & Déleſteur de l'Amirauté de Vannes, réſident en ladite Ville de l'Orient, l'information faite en ladite Chambre du Conſeil par meſdits Sieurs d'ARBAUD DE JOUQUES & DE CHERISEY, Commiſſaires, aſſiſtés dudit Sieur BOURGOIN, Greffier, commencée ledit jour onze Novembre mil ſept cent quatre-vingt-trois, & finie le dix-ſept Janvier ſuivant, composée de trois cents quatre Témoins. Le Jugement du Conſeil de Guerre, du vingt-trois Janvier, qui ordonne que ladite information ſera communiquée au Procureur du Roi pour être par lui requis, & par le Conſeil ordonné ce qu'il appartiendra. Le Réquiſitoire du Procureur du Roi tendant à fin de continuation d'information; le Jugement du Conſeil de Guerre, dudit jour 23 Janvier, qui ordonne que ladite information ſera continuée par leſdits Commiſſaires, & permet audit Procureur du Roi de faire aſſigner, à ſa Requête, les Témoins à fur-&-meſure de leur arrivée à l'Orient, pour ladite continuation d'information faite & communiquée audit Procureur du Roi être par lui requis, & par le Conſeil ordonné ce qu'il appartiendra: L'arrêté du Conſeil de Guerre, dudit jour 23 Janvier, qui ordonne que M. le Comte DE GRASSE ſera mandé au Conſeil, pour être entendu à la Requête du Procureur du Roi. Autre arrêté du Conſeil dudit jour qui ordonne que leſdits Sieurs d'ARROS & DE MITHON ſeront entendus en dépoſition à la Requête dudit Procureur du Roi: Autre arrêté du Conſeil, du vingt-quatre dudit mois de Janvier, qui ordonne que les Mémoires remis à mondit Sieur le Comte DE BREUGNON, ſeront dès à préſent communiqués au Conſeil: Autre arrêté du Conſeil de Guerre, du 31 dudit mois de Janvier, qui ordonne, conformément aux intentions du Roi, que les Membres du Conſeil de Guerre ne recevront point de Mémoires imprimés des Parties; qu'il leur ſera fait défenſes de les faire imprimer, & qu'elles ſeront averties de les leur donner en manuſcrit. Les aſſignations données aux Témoins & auxdits Sieurs Comte DE GRASSE, D'ARROS, & DE MITHON, à la Requête dudit Procureur du Roi, les 17, 19, 24, 26, 28, 29, 30 & 31 de Janvier dernier, par Exploits dudit CHARLES PERON, Huissier, la continuation d'information faite en ladite Chambre du Conseil par lesdits Commissaires, assistés dudit Sieur BOURGOIN, Greffier, commencée le 23 Janvier dernier, & finie le 3 Février suivant, composée de vingt-trois Témpins; le Jugement du Conseil de Guerre, du quatre dudit mois de Février dernier, qui ordonne que ladite continuation d'information sera communiquée au Procureur du Roi, pour être par lui requis, & par le Conseil ordonné ce qu'il appartiendra; l'arrêté du Conseil de Guerre, dudit jour quatre Février, rendu en conformité de la Lettre Ministérielle qui prescrit, entr'autres choses, que si dans les Mémoires qui seront remis il y avoit des expressions fortes, & que le style n'en fut pas convenable, on obligeroit les Parties à les changer. Ledit arrêté portant que la Requête présentée au Conseil par M. le Comte DE GRASSE, sera rejettée comme contenant des termes qui ne peuvent être admis; & que son Mémoire énoncé en ladite Requête sera reçu par le Conseil. La Requête présentée au Conseil par ledit Sieur Comte DE GDASSE, tendante à ce qu'il soit ordonné que sa Réponse aux observations de M. le Marquis DE VAUDREUIL soit déposée au Greffe, ainsi que les Pieces justificatives qui lui ont servi de base, & qui sont : 1.° le triplicata de la Lettre de M. DE VAUDREUIL au Ministre, en date du 26 Avril 1782; 2.° la Lettre de M. DE VAUDREUIL au Comte DE GRASSE, du 18 Juin; 3.° celle du Sieur DE MITHON, du 19 Juin, aussi adressée audit Sieur Comte DE GRASSE, & qu'il lui soit donné un récépissé & une copie signée du Greffier. Le Jugement du Conseil de Guerre, du neuf Février étant au bas de ladite Requête, qui ordonne qu'elle sera communiquée au Procureur du Roi, les conclusions du Procureur du Roi dudit jour. Le Jugement du Conseil de Guerre dudit jour neuf Février, qui permet audit Sieur Comte DE GRASSE de déposer au Greffe du Conseil, 1.° sa réponse aux observations du Sieur Marquis DE VAUDREUIL; 2.° le triplicata de la Lettre de M. DE VAUDREUIL au Ministre; 3.° & les Lettres écrites audit Sieur Comte DE GRASSE par ledit Sieur Marquis DE VAUDREUIL & ledit Sieur de MITHON, autorise le Greffier à lui en donner un récépissé & à délivrer audit S.r Comte DE GRASSE des copies collationnées desdites Lettres pour lui servir & valoir ce que de raison. Le Procès-verbal de dépôt desdites pieces, dressé au Greffe du Conseil par ledit Sieur BOURGOIN, Greffier, à la réquisition dudit Sieur Comte DE GRASSE, ledit jour neuf Février. La Requête présentée au Conseil par ledit Sieur DÉTHY, par laquelle il réquiert que pour ce qui concerne le Vaisseau le *Citoyen* qu'il commandoit, & pour ce que le Conseil jugera à propos d'adopter delui pour ce qui regarde l'Armée en général, il soit accordé une attention plus particuliere aux Plans & aux Journaux qu'il a remis, ainsi qu'à sa déposition pour les faits qu'elle exprime. Le Jugement du Conseil de Guerre du douze Décembre de soit communiqué au Procureur du Roi; les Conclusions dudit Procureur du Roi du seize dudit mois; le Jugement du Conseil de Guerre, du treize Février suivant, qui ordonne que ladite Requête & les Pieces y jointes demeureront déposées au Greffe & seront jointes au Procès, pour en jugeant, y avoir tel égard que de raison. Le réquisitoire du Procureur du Roi du treize Février, tendant à ce que pour les causes y contenues, il lui soit donné acte de sa remontrance ainsi que de sa déclaration, de se rendre appellant au nom de SA MAJESTÉ, devant le Conseil, de deux Ordonnances par lui rendues le vingt-trois Janvier dernier, ainsi que des assignations & dépositions qui ont eu lieu en vertu desdites Ordonnances, & faisant droit sur le tout, il plut au Conseil se réformer en conséquence, & mettre à néant ce dont est appel & ce qui en a pu s'en suivre. Le Jugement du Conseil de Guerre, du quatorze Février dernier, qui déclare nuls, 1°. les deux Arrêtés du vingt-trois Janvier dernier; 2°. la déclaration faite par ledit Sieur Comte DE GRASSE, insérée en la continuation d'information; 3.° les dépositions desdits Sieurs d'ARROS & DE MITHON; 4.° & les assignations données en conséquence, & déclare comme le tout non fait ni avenu. Le réquisitoire du Procureur du Roi tendant à décret & autres fins. Le Jugement du Conseil de Guerre du dix-sept Février, qui ordonne que les Sieurs JEAN-FRANÇOIS D'ARROS, Capitaine de Vaisseau, commandant le *Languedoc*; CLAUDE DE MITHON, Capitaine de Vaisseau, commandant la *Couronne*; JEAN-GUILLAUME-MICHEL DE GOUZILLON, Capitaine de Vaisseau, commandant l'*Ardent*, cent cinquante quatrieme témoin de l'information; JEAN-ANTOINE DE BOUGAINVILLE, Chef-d'Escadre, commandant la troisieme de l'Armée, sur le Vaisseau l'*Auguste*, 288.e témoin de ladite information; CLAUDE-FRANÇOIS REGNARD, Comte d'AMBLIMONT, commandant le Vaisseau le *Brave* & la septieme Division de la troisieme Escadre, 199.e témoin de l'information; FRANÇOIS HECTOR D'ALBERT DE RIONS, Capitaine de Vaisseau, commandant le *Pluton*, 273.e témoin; JOACHIM DE ROQUART, Lieutenant de Vaisseau, commandant la Frégate la *Galathee*, 23.e témoin de la continuation d'information; JEAN-BAPTISTE-FRANÇOIS DE SUZANNET, Lieutenant de Vaisseau, commandant la Frégate l'*Aimable*, 113.e témoin de l'information; GUY YVES, Baron DE PAROY, Lieutenant de Vaisseau, commandant la Corvette la *Cérès*, 91.e témoin de l'information; & FRANÇOIS ROBERT, Vicomte d'ACHÉ, Enseigne de Vaisseau, commandant le Cutter le *Clair-voyant*, dixieme témoin de ladite information; tous accusés d'avoir manqué à leur devoir dans la journée du douze Avril mil sept cent quatre-vingt-deux, seront ajournés à comparoir en personne dans les délais de l'Ordonnance, pour ester à droit & être ouis & interrogés sur les faits résultans des information, continuation d'information & pieces y jointes, & autres sur lesquels il plaira audit Procureur du Roi de les faire entendre: comme aussi que lesdits Sieurs LOUIS-PHILIPPE DE RIGAUD, Marquis de VAUDREUIL, Lieutenant-Général des Armées Navales, commandant la seconde Escadre en ladite Armée sur le Vaisseau le *Triomphant*, 296.e témoin de l'information; LOUIS DE RIGAUD, Comte DE VAUDREUIL, Chef-d'Escadre, commandant la quatrieme Division en la premiere Escadre, dite blanche, sur le Vaisseau le *Sceptre* qu'il commandoit, 289.e témoin de l'information; JEAN-BAPTISTE-FRANÇOIS DE LA VILLÉON, Capitaine de Vaisseau & de Pavillon du Vaisseau la *Ville de Paris*, deuxieme témoin de l'information; JOSEPH-SATURNIN DE MONTCABRIE DE PEYTES, Capitaine de Vaisseau, Capitaine de Pavillon de celui le *Triomphant*, 143.e témoin; PIERRE-JOSEPH DE CASTELLAN, Capitaine de Vaisseau, Capitaine de Pavillon de celui l'*Auguste*, 262.e témoin; CHARLES-RÉGIS CORIOLIS D'ESPINOUSE, Chef-d'Escadre, commandant la premiere Division de la deuxieme Escadre, dite blanche & bleue, 303.e témoin

de

de l'information; JOSEPH-SAMSON DE CHAMPMARTIN, Capitaine de Vaisseau, Capitaine de Pavillon sur celui le *Duc de Bourgogne*, 59.e témoin; FRANÇOIS-LOUIS-EDME-GABRIEL DU MAITZ DE GOIMPY, Capitaine de Vaisseau, commandant le *Destin*, 210.e témoin; JEAN-BAPTISTE, Commandeur DE GLANDEVÈS, Capitaine de Vaisseau, commandant celui le *Souverain*, 238.e témoin; LOUIS-AUGUSTE DE MONTECLER, Capitaine de Vaisseau, commandant celui le *Diadême*, 153.e témoin; CHARLES-MARIE DE LA GRANDIERE, Capitaine de Vaisseau, commandant celui le *Conquérant*, 42.e témoin; JEAN-ANTOINE, Comte LE BEGUE, Capitaine de Vaisseau, commandant celui le *Magnanime*, 151.e témoin; HENRI-CÉSAR DE CASTELLANE MAJASTRE, Capitaine de Vaisseau, commandant le *Marseillois*, 255.e témoin; PIERRE DE MONTPEROUX, Capitaine de Vaisseau, commandant celui le *Dauphin Royal*, 167.e témoin; ARMAND LE GARDEUR DE TILLY, Capitaine de Vaisseau, commandant celui l'*Éveillé*, 175.e témoin; CHARLES DE CHARITTE, Capitaine de Vaisseau, commandant celui la *Bourgogne*, 218.e témoin; SÉBASTIEN-PIERRE-ANTOINE DE CLAVEL, Capitaine de Vaisseau, commandant celui le *Scipion*, 229.e témoin; JOSEPH-JACQUES-FRANÇOIS DE MARTELLY, Capitaine de Vaisseau, commandant celui le *Palmier*, 182.e témoin; LAURENT-EMMANUEL DE RENAUD D'ALEINS, Capitaine de Vaisseau, commandant le *Neptune*, 222.e témoin; ALEXANDRE DÉTHY, Capitaine de Vaisseau, commandant le *Citoyen*, 157.e témoin; JEAN-BAPTISTE MACARTY MACTEIGUE, Capitaine de Vaisseau, commandant celui le *Magnifique*, 177.e témoin; CHARLES DE MÉDINE, Capitaine de Vaisseau, commandant celui le *Refléchi*, 190.e témoin; MICHEL-GEORGES LAUB, Capitaine en second sur le Vaisseau le *César*, 20.e témoin; JULIEN-FRANÇOIS DE BEAUMANOIR, Capitaine de Vaisseau, ayant eu le commandement de celui l'*Hector*, 63.e témoin; JEAN-HONORÉ DE TROGOFF, Lieutenant de Vaisseau, ayant eu le commandement de celui le *Glorieux*, 62.e témoin; JOSEPH-LOUIS DE CANILLAC, Lieutenant de Vaisseau, embarqué sur la Frégate le *Richemont*, 94.e témoin; MARIE-GABRIEL DE COMBAUD, Enseigne de Vaisseau, ayant pris le commandement du Vaisseau le *Northumberland*, 207.e témoin; CHARLES ELZÉAR BOURGAREL DE MARTIGNAN, Enseigne de Vaisseau, embarqué sur la Frégate l'*Amazonne*, 239e témoin; Jean-Baptiste DE CIBON, Capitaine de Vaisseau, Intendant de l'Armée sur le Vaisseau la *Ville de Paris*, 106.e témoin; Pierre-René-Marie DE VAUGIRAUD DE ROSNAY, Capitaine de Vaisseau & Major-Général de l'Armée, premier témoin de l'information; Joseph RUAULT DUPLACY, Officier Auxiliaire sur le Vaisseau le *César*, 21.e témoin de ladite information; François-Marie DU BOUEXIC, Enseigne de Vaisseau sur celui la *Ville de Paris*, 93.e témoin; Jean-Louis TREDERN DE LEZEREC, Capitaine de Vaisseau, faisant fonctions de Capitaine en second sur celui la *Ville de Paris*, troisieme témoin; François-Pierre-Jean DE KERMORIAL, Lieutenant de Vaisseau, embarqué sur celui l'*Hector*, 36.e témoin; Marie-Jean-Élie DEMOULINS DE ROCHEFORT, Lieutenant de Vaisseau, embarqué sur celui l'*Hector*, 146.e témoin; Joseph-François-Auguste-Hubert DE LA HAYRIÉ, Lieutenant de Vaisseau, embarqué sur ledit Vaisseau l'*Hector*, 89.e témoin; Charles-Armand-Mathurin DE LA GARDE, Lieutenant de Frégate, embarqué sur le même Vaisseau, 206.e témoin; Jean BASSIERE, Officier Auxiliaire sur ledit Vaisseau, 98.e témoin; Louis-Hypolite-Marie-Urvoy DE PORTZAMPARC, Enseigne de Vaisseau, embarqué sur celui le *Glorieux*, 58.e témoin; Charles-Paul-Léonnard DE MONTIGNY, Enseigne de Vaisseau, embarqué sur le même Vaisseau, 65.e témoin; Joseph-Gabriel DE POULPIQUET DE GOATLÈS, Lieutenant de Vaisseau, embarqué sur l'*Hercule*, Aide-Major de la Marine & des Armées Navales, ayant eu le commandement dudit Vaisseau l'*Hercule*, 54.e témoin; Gérard-Louis DE BRACH, Lieutenant de Vaisseau, embarqué sur la *Ville de Paris*, 6.e témoin de l'information; Louis SIMONY DE BROUTIERES, Enseigne de Vaisseau, embarqué sur le *César*, 184.e témoin d'icelle; Jacques-Paul-Robert DE LEZARDIERE, Enseigne de Vaisseau sur celui la *Ville de Paris*, Sous-Aide-Major & chargé des Signaux, 4.e témoin de l'information; Charles DE BLAIS, Enseigne de Vaisseau sur la *Ville de Paris*, 37.e témoin; Joseph DE TANOUARN, aussi Enseigne de Vaisseau, & embarqué sur la *Ville de Paris*, 166.e témoin; Alexandre-Claude DE MASLYS LE GRAND, Lieutenant de Vaisseau, embarqué sur celui l'*Ardent*, 165.e témoin; Joseph ANASTASE DE St. PERN, Enseigne de Vaisseau, embarqué sur celui l'*Ardent*,

196.ᵉ témoin; CHARLES-FRANÇOIS LE GROING DE LA ROMAGERE, Enseigne de Vaisseau, embarqué sur le même Vaisseau l'*Ardent*, 256.ᵉ témoin; GUILLAUME-CASIMIR LE VENEUR DE SIEURN, Enseigne de Vaisseau, embarqué sur celui l'*Ardent*, 56.ᵉ témoin; LOUIS-CASIMIR-MARIE AVICE DE TOURVILLE, Enseigne de Vaisseau, embarqué sur l'*Ardent*, 159.ᵉ témoin; ANTOINE PINIERE DE CLAVIN, Enseigne sur ledit Vaisseau, 214.ᵉ témoin; LOUIS FROGER DE L'EGUILLE, cadet, Lieutenant de Vaisseau, Major de l'Escadre, commandée par M. le Marquis DE VAUDREUIL, 19.ᵉ témoin de l'information; AUGUSTIN TRUGUET, cadet, Lieutenant de Vaisseau, embarqué sur celui l'*Auguste*, faisant fonctions de Major sur le dit Vaisseau, 44.ᵉ témoin; JEAN-BAPTISTE-FRANÇOIS DE MARBOTIN RUBÉRANS, Lieutenant de Vaisseau, embarqué sur celui le *Brave*, 187.ᵉ témoin; JOSEPH AMANIEU DE RUAT, Lieutenant de Vaisseau, embarqué sur celui l'*Hercule*, 231.ᵉ témoin; & JEAN-BAPTISTE-ROCH GUERPEL DE BAR, Enseigne de Vaisseau, embarqué sur celui le *Dauphin Royal*, 79.ᵉ témoin de ladite information; tous accusés d'avoir manqué à leur devoir dans la journée du douze Avril mil sept cent quatre-vingt-deux, seront assignés pour être ouis sur les faits résultans desdites information, continuation d'information & pieces y jointes, & autres sur lesquelles il plaira audit Procureur du Roi les faire entendre. Le Conseil de Guerre a rejetté du Procès les dépositions desdits Officiers décrétés, & ordonne qu'elles ne serviront au Procès que pour mémoire seulement : Ordonne en outre, que les pieces représentées ou produites sur chacune desdites dépositions, demeureront au Procès pour servir ce que de raison. L'Ordre du Roi du trois Mars dernier, Signé LOUIS, & plus bas le M.ᴬᴸ DE CASTRIES, par lequel SA MAJESTÉ dit : qu'ayant jugé à propos de faire retourner à ses fonctions de Greffier de la Prévôté de la Marine à Brest, le Sieur SIVINIANT, l'un des deux Greffiers établis par son Ordre du trois Novembre 1783, au Conseil de Guerre assemblé à l'Orient ; Elle veut que le Sieur BOURGOIN qui restera seul Greffier dudit Conseil réunisse à ses fonctions celles que remplissoit ledit Sieur SIVINIANT : Mande SA MAJESTÉ à nous Président & aux Officiers composant le Conseil de Guerre de faire exécuter ledit Ordre; la Lettre Ministérielle dudit jour trois Mars contenant l'envoi dudit Ordre. Le Réquisitoire du Procureur du Roi tendant à fin d'enrégistrement dudit Ordre; le Jugement du Conseil de Guerre, du onze dudit mois de Mars, qui ordonne que ledit Ordre sera enrégistré au Grefle du Conseil, pour être exécuté selon sa forme & teneur, en conséquence que ledit Sieur BOURGOIN restera seul Greffier du Conseil de Guerre, & réunira à ses fonctions celles que remplissoit ledit Sieur SIVINIANT. La Requête présentée au Conseil par ledit Sieur DE MITHON tendante à ce qu'il lui plût ordonner que le Greffier du Conseil de Guerre sera autorisé à lui délivrer copie collationnée, & ce dans le délais de vingt-quatre heures, de la Lettre par lui écrite au Sieur Comte DE GRASSE, le 19 Juin 1782, qui lui a été représentée lors de son interrogatoire. Le Jugement du Conseil de Guerre du vingt dudit mois de Mars, qui autorise ledit Sieur BOURGOIN, Greffier, à délivrer audit Sieur DE MITHON copie collationnée de la Lettre dont il s'agit. Les originaux de signification des décrets faits par Exploits dudit PERON, Huissier, à la Requête du Procureur du Roi, les 21, 22, 23, 24, 25, 26, 27, 28 & 29 Février dernier, 1.er, 2, 3, 4, 5, 6, 7, 8, 9, 10, 11, 12 & 13 Mars aussi dernier. Les interrogatoires subis par lesdits Officiers décrétés ci-dessus, nommés le même jour de la signification du décret; les Procès-verbaux dressés par lesdits Commissaires, les vingt-neuf Février, trois & quatre Mars dernier, contenant les comparutions desdits Sieurs FROGER DE L'ÉGUILLE, TRUGUET & MARBOTIN, & leurs dires, observations, protestations, & refus de répondre aux interrogats & aux interpellations à eux faites. Les sommations faites auxdits Sieurs FROGER DE L'ÉGUILLE, TRUGUET & MARBOTIN, à la Requête dudit Procureur du Roi, par exploits dudit PERON, Huissier, les dix-sept & dix-huit Mars dernier, à l'effet de comparoître en la Chambre du Conseil de Guerre pour subir interrogatoire sur le décret à eux signifié, avec déclaration que, faute par eux de satisfaire, le décret d'assigné pour être oui, contre-eux décerné, sera converti en ajournement personnel; les interrogatoires subis par lesdits Sieurs de L'ÉGUILLE, TRUGUET & MARBOTIN lesdits jours dix-sept & dix-huit Mars dernier : le Jugement du Conseil de Guerre, du vingt du même mois, qui ordonne que

les

les interrogatoires ſubis par leſdits Officiers ſuſnommés enſemble, leſdites comparutions ſeront communiqués au Procureur du Roi, pour, ſur le vu deſdits interrogatoires, ainſi que de l'information, continuation d'information & pieces y jointes; & ſur les concluſions dudit Procureur du Roi être ſtatué par le Conſeil ce qu'il appartiendra; la Requête préſentée au Conſeil de Guerre par ledit Sieur DÉTHY, commandant le Vaiſſeau le *Citoyen*, tendante à faire conſtater différents faits relatifs à la manœuvre dudit Vaiſſeau: Le Jugement du Conſeil de Guerre du treize Février de ſoit communiqué au Procureur du Roi, les concluſions dudit Procureur du Roi du vingt-un Mars dernier; le Jugement du Conſeil de Guerre, du deux Avril ſuivant, qui ordonne que ladite Requête ſera jointe au Procès, pour en jugeant y avoir tel égard que de raiſon; autre Requête préſentée par le Sieur DÉTHY, contenant différents faits de plainte contre le Sieur LESCURE S.T DENIS, Enſeigne de Vaiſſeau, embarqué ſur celui le *Citoyen*: Le Jugement du Conſeil de Guerre du treize Février de ſoit communiqué au Procureur du Roi; les concluſions du Procureur du Roi du ving-un Mars: Le Jugement du Conſeil de Guerre, du deux Avril dernier, portant que le Conſeil de Guerre n'ayant pas de pouvoirs pour connoître du fait dont il s'agit, & ne croyant pas devoir s'en occuper, ordonne que ledit Sieur DÉTHY ſe pourvoira, s'il le juge à propos, contre ledit Sieur LESCURE S.T DENIS, par la voie de la Diſcipline Militaire. La Requête préſentée au Conſeil par ledit Sieur DE BOUGAINVILLE, contenant différentes réquiſitions, obſervations, & l'énoncé des Signaux répetés ou faits ſur le Vaiſſeau l'*Auguſte*: ladite Requête tendante entr'autres choſes à ce qu'elle ſoit annexée à ſon interrogatoire. Le Jugement du Conſeil de Guerre, du vingt Mars dernier, de ſoit communiqué au Procureur du Roi; les concluſions dudit Procureur du Roi, du vingt-quatre dudit mois. Le Jugement du Conſeil de Guerre, du deux Avril ſuivant, qui ordonne que ladite Requête ſera jointe au Procès, pour en jugeant y avoir tel égard que de raiſon. Le Réquiſitoire du Procureur du Roi, du vingt-quatre Mars, tendant à fin de continuation d'information; le Jugement du Conſeil de

Guerre du deux Avril, qui permet audit Procureur du Roi de faire aſſigner à ſa Requête les témoins par lui indiqués à l'effet d'être entendus en dépoſition; les originaux d'aſſignations données auxdits Témoins à la Requête dudit Procureur du Roi, par Exploits dudit Peron, Huiſſier, le cinq dudit mois d'Avril; la ſeconde continuation d'information faite ledit jour cinq Avril par leſdits Commiſſaires, aſſiſtés dudit Sieur Bourgoin, Greffier; le Jugement du Conſeil de Guerre, du ſept dudit mois d'Avril, qui ordonne que ladite ſeconde continuation d'information ſera communiquée au Procureur du Roi, pour ſur ſes concluſions, enſemble ſur l'information, premiere & deuxieme continuation d'information & autres pieces du Procès être ſtatué par le Conſeil ainſi qu'il appartiendra. Le réquiſitoire du Procureur du Roi tendant; 1.° à ce que les décrets d'ajournement perſonnel rendus & exécutés contre leſdits Sieurs d'ARROS, DE MITHON & DE GOUZILLON ſoient convertis en décrets de priſe de corps, & conſtitués priſonniers en la Citadelle du Port-Louis, ou tel autre lieu qu'il plairoit au Conſeil indiquer; 2.° que la dépoſition donnée ſur l'information par le Sieur GENTIL DE PAROY ſoit déclarée nulle, & rejettée ainſi que celle donnée par le Sieur DE JOUAULT, ſur la continuation d'information; 3.° à l'égard du Vaiſſeau le *Zélé* & la Frégate l'*Aſtrée* dépendants de l'Armée, ainſi que des Capitaines & autres deſdits Bâtiments, circonſtances & dépendances, qu'il lui ſoit permis d'en informer & faire informer, tant par addition qu'autrement ſur leſdits faits aux termes de la plainte du dix Novembre dernier; 4.° qu'à l'égard de la déclaration donnée par M. le Comte de GRASSE, dans la continuation d'information, il ſoit tardé de faire droit juſqu'à plus amples conluſions ſur icelle; 5.° quant aux comparutions des Sieurs Chevalier DE L'ÉGUILLE, TRUGUET, cadet, & DE MARBOTIN, qu'elles ſoient annullées. Le Jugement du Conſeil de Guerre, du vingt-ſix Avril dernier, qui ordonne; 1.° que leſdits Sieurs d'ARROS, DE MITHON & DE GOUZILLON, continueront de demeurer au Procès en état d'ajournement perſonnel; 2.° que les dépoſitons deſdits Sieurs LE GENTIL DE PAROY, quatre-vingt onzieme témoin de l'information &

de JOUAULT, vingt-deuxieme témoin de la premiere continuation d'information subsisteront au Procès, les formalités prescrites par l'Ordonnance ayant été observées, comme aussi que les comparutions desdits Sieurs FROGER DE L'ÉGUILLE, TRUGUET & DE MARBOTIN, subsisteront pareillement au Procès, pour y avoir tel égard que de raison; 3.° en ce qui concerne les Commandants & Officiers du Vaisseau le *Zéle* & la Frégate l'*Astrée*: Le Conseil considérant que le fait dont il s'agit n'est pas relatif au Combat du douze Avril, déclare qu'il n'y a rien à statuer sur les conclusions du Procureur du Roi à cet égard. Déclare pareillement qu'il n'y a rien à statuer sur lesdites conclusions relativement à la déclaration de M. le Comte DE GRASSE, ayant été déclarée nulle par le Jugement du quatorze Février dernier; autre Réquisitoire du Procureur du Roi tendant à ce qu'il soit ordonné que l'Extrait mortuaire du nommé *Chandellier*, ci-devant Maître Pilote sur le Vaisseau le *Zélé*, & celui de *François Grossard*, ci-devant embarqué en qualité de Maître Canonnier sur le Vaisseau le *Conquérant*, soient joints au Procès, & que leurs journaux & dépositions soient lus pour y avoir égard. Le Jugement du Conseil de Guerre du vingt-six Avril dernier, qui ordonne que l'Extrait mortuaire dudit *François Grossard*, 74.e témoin de l'information, sera joint au Procès, déclare qu'il n'y a lieu à déposer celui dudit *Chandelier*, les Capitaines & Officiers du Vaisseau le *Zelé* n'étant point en cause. Autre Réquisitoire du Procureur du Roi, tendant à ce que l'Extrait mortuaire du S.r Chevalier DE MONTECLER, Capitaine de Vaisseau ci-devant, commandant le Vaisseau du Roi le *Diadême*, & celui du Sieur DE LA HAYRIE, Lieutenant de Vaisseau ci-devant, embarqué sur celui l'*Hector*, ces deux Vaisseaux faisant partie de l'Armée aux ordres de M. le Comte DE GARSSE, soient joints au Procès, & que leurs Journaux & interrogatoires soient lus pour y avoir égard. Le Jugement du Conseil de Guerre dudit jour vingt-six Avril, qui ordonne que les Extraits mortuaires desdits Sieurs DE MONTECLER & de LA HAYRIE, tous deux accusés, seront joints au Procès. Les Requêtes présentées au Conseil de Guerre par lesdits Sieurs Marquis DE VAUDREUIL, Comte de

DE VAUDREUIL, DE BOUGAINVILLE, CORIOLIS, D'ESPINOUSE, Comte *d'AMBLIMONT, d'ALBERT DE RIONS, LE GARDEUR DE TILLY*, Vicomte *d'ACHÉ, DE LA VILLEON, DE LA GRANDIERE*, Comte *LE BEGUE, DE BEAUMANOIR, MACARTY MACTEIGUE, DÉTHY*, Chevalier *DE CASTELLAN, DE MEDINE*, *BARON DE PAROY, DE GLANDEVES, DE RENAUD D'ALEINS, DU MAITZ DE GOIMPY, DE CLAVEL, DE MONTPEROUX, DE MITHON*, Baron *d'ARROS*, Chevalier *DE SUZANNET, DE CHAMPMARTIN, LAUB, DE MARTELLY CHAUTARD, DE MOULINS DE ROCHEFORT, DE MARBOTIN RUBÉRANS, DU BOUEXIC DE LA BOTELLERAIS, DE GUERPEL DE BAR, DE TANOUARN*, Chevalier *DE BLAIS, LE VENEUR DE SIEURN*, Chevalier de St. *PERN, DE MONTIGNY, DE CANILLAC, TRUGUET*, cadet, *BASSIERE, MONTCABRIÉ DE PEYTES, LE GROING DE LA ROMAGERE, AVICE DE TOURVILLE, DU PLACY, DE LA GARDE, DE MARTIGNAN*, Chevalier *DE BRACH*, Chevalier *DE COATLES, DE MALYS LE GRAND; DE LEZARDIERE*, Chevalier *DE L'EGUILLE, PINIERE DE CLAVIN, SIMONY DE BROUTIERES, DE KERMORIAL, DE COMBAUD DE ROQUEBRUNE, DE GOUZILLON & ROQUART*, les vingt-neuf, trente Avril & premier Mai derniers, par lesquelles chacun d'eux déclare, que désirant profiter de la liberté qui lui est accordée par la loi, en prenant droit par les charges aux termes de l'Article dix-neuf, du Titre quatorze de l'Ordonnance de 1670. Et accélérer autant qu'il est en son pouvoir le Jugement définitif sans plus ample instruction, il a cru devoir manifester ses intentions au Conseil & son acquiescement, & consentement au Jugement définitif du Procès dans l'état actuel, & auroit requis Lettres de ce qu'en conformité dudit Article, il entendoit prendre droit par les charges, & de ce qu'il s'en rapportoit aux dépositions des témoins à son égard: comme aussi a requis Lettres de ce qu'il consent au Jugement définitif du Procès dans l'état actuel, sans qu'il soit besoin de procéder aux recollements & confrontations ni faire plus ample instruction, requérant d'être jugé sur ses réponses personnelles; autre Requête présentée par ledit sieur DE CHARITTE, le 30 Avril dernier, portant entr'autres choses qu'il se flatte que le Conseil voudra bien lui fournir les moyens de détruire toute accusation, pour convaincre, soit par les recollements de lui DE CHARITTE, soit par des confrontations, qu'il n'a jamais manqué à son devoir; le Jugement du Conseil de Guerre du 3 dudit mois de Mai, qui ordonne que lesdites Requêtes seront communiquées au Procureur du Roi, pour sur ses Conclusions être par le Conseil ordonné ce que de raison; autres Requêtes présentées par lesdits sieurs DE CASTELLANE, MAJASTRE & URVOY DE PORTZAMPARC, par lesquelles chacun d'eux déclare prendre droit par les charges, & consentir au Jugement définitif du Procès dans l'état actuel; les lettres écrites à mondit sieur DE BREUGNON, Président du Conseil, les 30 Avril & 2 Mai par lesdits sieurs DE CIBON, Chevalier DE VAUGIRAULT, TREDERN DE LEZEREC & DE TROGOFF, par lesquelles ils annoncent ne pas devoir prendre droit par les charges; le Mémoire de M. le Marquis DE VAUDREUIL enfin duquel est sa réquisition, tendante à ce qu'il plaise au Conseil ordonner que les deux premieres phrases du Paragraphe du Mémoire justificatif de M. le Comte DE GRASSE, pages dix-neuf & vingt, commençant par ces mots: *la deuxieme Escadre s'appercevant*, &c. & finissant par ceux-ci: *entouré de par-tout*, seront rayées & biffées comme calomnieuses. Comme aussi qu'il soit pareillement ordonné que les Planches gravées qui sont jointes audit Mémoire seront rejettées, comme contraires à la vérité & capables de donner à la plus grande partie du Public qui ne seroit pas à portée d'en remarquer les erreurs, une idée fausse du Combat du douze Avril 1782; & qu'il soit ordonné, en outre, la suppression de la Réponse dudit Sieur Comte DE GRASSE, comme renfermant des mots injurieux, des faits calomnieux, invraisemblables & contraires à l'honneur, & à la réputation du Sieur Marquis DE VAUDREUIL, sous la réserve expresse de tous ses droits & actions; autre Mémoire dudit sieur Baron d'ARROS, en réponse aux observations de M. le Comte

DE GRASE, annexé par ledit ſieur d'ARROS à ſon interrogatoire ſubi le treize Mars dernier, par lequel Mémoire il auroit réquis qu'il plaiſe au Conſeil de Guerre caſſer la plainte, information, décret & entiere procédure pour ce qui le concerne par défaut de délit, le décharger de l'accuſation contre lui intentée, néanmoins ordonner, avant faire droit, que le ſieur Comte DE GRASSE ſera tenu de lui communiquer dans le délai de trois jours, dans les formes uſitées aux Conſeils de Guerre, les extraits de ſon journal remis au Roi, où il eſt fait mention des manœuvres du *Languedoc*, de ſes Mémoires imprimés avec les planches qui les accompagnent, de la réponſe aux obſervations de M. le Marquis de VAUDREUIL, que de tous autres Mémoires & inſtructions remis & qu'il pourroit remettre au Conſeil, pour par ledit Baron d'ARROS prendre telles Concluſions qu'il aviſera; ordonner la ſuppreſſion de la lettre écrite par ledit ſieur Comte DE GRASSE, à bord du *Formidable*, ſous la date du 14 Avril 1782, dont l'extrait eſt inſéré dans le courier de l'Europe N.° 49, du dix-huit Juin de la même année, comme calomnieuſe & injurieuſe à l'honneur & à la réputation dudit ſieur Baron d'ARROS, ſans préjudice de tous les autres droits & moyens de fait & de droit qu'il ſe réſerve par exprès contre la procédure, & tout ce qui s'en eſt enſuivi, même de ſe pourvoir pardevant qui il appartiendra, pour obtenir de M. le Comte DE GRASSE telle réparation & ſatisfaction qui feront aviſées être néceſſaires, le tout pareillement ſans préjudice des autres Concluſions qu'il aviſera de prendre. Autre Mémoire du Sieur DE MITHON, enfin duquel eſt ſa réquiſition tendante à ce qu'il plaiſe au Conſeil caſſer la plainte, information, décret & entiere procédure contre lui faite, tant par défaut de délit qu'autres voies & moyens de droit, le décharger & acquitter honorablement de l'accuſation calomnieuſe contre lui intentée, ordonner la ſuppreſſion du paragraphe du Mémoire de M. le Comte DE GRASSE ſervant de réponſe aux obſervations de M. le Marquis DE VAUDREUIL, commençant par ces mots : *Il ſembleroit que M. DE VAUDREUIL a beſoin de diſculper tout le monde, car M. DE MITHON &c.* & finiſſant par ceux-ci : *Il ne l'étoit pas aſſez pour que la Couronne ne soit pas arrivée trois jours avant* M. DE VAUDREUIL, &c. ordonner pareillement la rayure & biffure des mots *abandon* & *abandonné* insérés dans ledit Mémoire, sans préjudice d'autres Conclusions à prendre, le cas arrivant. Le Réquisitoire du Procureur du Roi, par lequel il requiert qu'il soit fait droit sur la Requête dudit Sieur DE CHARITTE, & que lesdits Sieurs Marquis DE VAUDREUIL, Cte. DE VAUDREUIL, DE BOUGAINVILLE, D'ESPINOUSE D'AMBLIMONT & autres, qui ont donné des Requêtes par lesquelles ils consentent au Jugement définitif dans l'état actuel du Procès, sans faire plus ample instruction, ne soient pas admis à prendre droit par les charges, que les lettres qu'ils demandent de leur consentement & acquiescement d'être jugés dans l'état actuel du Procès, & sur leurs réponses personnelles ne leur soient point accordées, parce qu'il peut écheoir des peines afflictives ou infamantes à plusieurs d'entr'eux par l'instruction complete du Procès. Réquiert en outre ledit Procureur du Roi, que par Jugement interlocutoire du Conseil il soit ordonné que les témoins tant ouis qu'à l'être au Procès, seront recolés sur leurs dépositions & confrontés aux Accusés que besoin sera, & que ceux ci soient aussi recolés sur leurs interrogatoires respectifs, subis & à subir, & affrontés l'un à l'autre, comme il sera vu appartenir, pour passé de ce, le tout à lui communiqué & rapporté au Conseil de Guerre, être par qui de droit requis, conclu & statué ce qu'il appartiendra; vû aussi les Mémoires produits au Greffe du Conseil par aucun des Accusés; les journaux des Chefs-d'Escadres, Commandants de Vaisseaux, Frégates & Corvettes composant l'armée du Roi, aux ordres de M. le Comte DE GRASSE, le 12 Avril 1782. Les différens comptes rendus à la Cour par plusieurs d'entr'eux; l'Extrait mortuaire dudit Sieur LOUIS-AUGUSTIN DE MONTECLER, Capitaine des Vaisseaux du Roi, commandant le *Diadême*, du 26 Mars 1784, tiré des régistres de la Paroisse de Saint-Mathieu de la Ville de Quimper, délivré par le Sieur Coroller, Recteur de ladite Paroisse, duement légalisé par le Sieur le Gouzu de Kervilegant, Sénéchal du Siege Présidial de ladite Ville, le 17 Avril suivant; l'Extrait mortuaire dudit sieur JOSEPH-FRANÇOIS AUGUSTE-HUBERT

DE LA HAYRIE, Lieutenant de Vaiſſeaux, embarqué ſur celui l'*Hector* du 7 dudit mois d'Avril audit an, tiré des régiſtres de l'Egliſe Royale & Paroiſſiale de l'Orient, délivré par le ſieur Broſſiere, Recteur de ladite Paroiſſe, légaliſé par le Sieur Maujoüan du Gaſſet, Sénéchal & premier Juge Civil, Criminel & de Police de ladite Ville de l'Orient, tout vû & conſidéré.

Oui le Rapport de M. d'ARBAUD, après avoir murement délibéré.

Le Conſeil de Guerre ayant aucunement égard aux Concluſions du Procureur du Roi, tendantes à régler le Procès à l'extraordinaire, ni à la Requête dudit Sieur DE CHARITTE, a donné & donne Lettres auxdits Sieur M.[quis] DE VAUDREUIL, Cte DE VAUDREUIL, DE BOUGAINVILLE, CORIOLIS, D'ESPINOUSE, Comte DAMBLIMONT, D'ALBERT DE RIONS, LE GARDEUR DE TILLY, Vicomte d'ACHÉ, DE LA VILLÉON, DE LA GRANDIERE, Comte LE BEGUE, DE BEAUMANOIR, DE MACARTI MACTEIGUE; DÉTHY, DE CASTELLAN, DE MEDINE, Baron DE PAROY, DE GLANDEVES, DE RENAUD D'ALEINS, DU MAITZ DE GOIMPY, DE CLAVEL, DE MONTPERROUX, DE MITHON, Baron d'ARROS, DE SUZANNET, DE CHAMPMARTIN, LAUB, DE MARTELLI CHAUTARD, DE MOULINS DE ROCHEFORT, DE MARBOTIN RUBERANS, DU BOUEXIC, DE GUERPEL DE BAR, DE TANOUARN, DE BLAIS, LE VENEUR DE SIEURN, DE St. PERN, DE MONTIGNY, DE CANILLAC, TRUGUET, Cadet, BASSIERE, MONTCABRIÉ DE PEYTES, LE GROING DE LA ROMAGERE, DE RUAT, AVICE DE TOURVILLE, DU PLACY, DE LA GARDE, DE MARTIGNAN, DE BRACH, DE COATLES, DE MALYS LE GRAND, DE LEZARDIERE, Chevalier DE L'ÉGUILLE, PINIERE DE CLAVIN, SIMONY DE BROUTIERES, DE KERMORIAL, DE COMBAUD, DE ROQUEBRUNE, DE GOUZILLON, DE ROQUART, DE

CASTELLANNE

CASTELLANNE MAJASTRE & URVOY DE PORTZAMPARC, de ce qu'en conformité de l'Article dix-neuf, du Titre quatorze de l'Ordonnance de 1670, ils prennent droit par les charges, & de ce qu'ils s'en rapportent aux dépositions des témoins; comme aussi de ce qu'ils consentent au Jugement définitif du Procès dans l'état actuel, sans faire plus ample instruction; & enfin, de leurs Réquisitions d'être jugés sur leurs interrogatoires ou réponses personnelles. Faisant droit sur le tout & procédant au Jugement définitif dudit Procès: A LOUÉ & loue la conduite tenue par ledit Sieur JOSEPH-GABRIEL DE POULPIQUET; Chevalier DE COATLÈS, Lieutenant de Vaisseau, ayant pris le commandement de celui l'*Hercule* à la place de M. DE LA CLOCHETERIE, Capitaine Commandant, tué le 12 avril 1782, dans toutes les circonstances de la journée; mais pour n'avoir pas fait tout ce qu'il étoit possible de faire ledit jour, pour rallier la *Ville de Paris* après le signal d'ordre de Bataille, l'Amure à Tribord, ordre naturel fait vers quatre heures du soir; le condamne à être mandé en la Chambre du Conseil, pour y être admonesté en présence du Tribunal assemblé.

Ordre des Vaisseaux & Frégates, tel qu'il étoit dans la ligne de Bataille, Babord amures, ordre renversé, le 12 Avril 1782.

VAISSEAUX.

L'HERCULE.

Décharge de toute accusation ledit Sieur JOSEPH AMANIEU DE RUAT, Lieutenant sur ledit Vaisseau.

LE NEPTUNE.

Pour par ledit Sieur LAURENT-EMMANUEL DE RENAUD D'ALEINS, Capitaine, commandant le Vaisseau le *Neptune*, n'avoir pas fait tout ce qu'il étoit possible de faire ledit jour 12 Avril, pour se rallier à la *Ville de Paris* après le signal d'ordre de Bataille, l'Amure à Tribord, ordre naturel fait vers quatre heures; le Conseil de Guerre le condamne à être mandé en la Chambre du Conseil, pour y être admonesté en présence du Tribunal assemblé.

LE SOUVERAIN.

Décharge de toute accusation ledit Sieur JEAN-BAPTISTE DE GLANDEVÈS, Capitaine, commandant le Vaisseau le *Souverain*.

LE PALMIER.

Décharge de toute accusation ledit Sieur JOSEPH-JACQUES-FRANÇOIS DE MARTELLI CHAUTARD, Capitaine, commandant le Vaisseau le *Palmier*.

LE NORTHUMBERLAND.

A loué & loue la mémoire de M. DE S.T CÉSAIRE, Capitaine, commandant le Vaisseau le *Northumberland*, & la mémoire du Sieur DE LA METTRIE, embarqué en second sur ledit Vaisseau, lesquels ont combattu vaillamment : savoir; M. DE ST. CÉSAIRE jusqu'au moment où il a été blessé mortellement, & ledit Sieur DE LA METTRIE jusqu'à sa mort.

Décharge de toute accusation ledit Sieur MARIE-GABRIEL DE COMBAUD DE ROQUEBRUNE, Enseigne de Vaisseau, qui a pris le commandement dudit Vaisseau le *Northumberland*.

Le Conseil de Guerre le déclare unanimement susceptible de mériter les graces du Roi.

L'AUGUSTE.

Déclare la conduite dudit Sieur LOUIS-ANTOINE DE BOUGAINVILLE, Chef-d'Escadre, commandant la troisieme de l'Armée du Roi, ou Escadre bleue, sur le Vaisseau l'*Auguste*, irréprochable jusqu'à midi de la journée dudit jour 12 Avril 1782; mais ce Chef-d'Escadre n'ayant pas dans l'après midi particularisé ses Signaux & fait manœuvrer son Escadre pour le plus prompt ralliement possible au corps de Bataille, le condamne à être mandé en la Chambre du Conseil, pour y être admonesté en présence du Tribunal assemblé.

Décharge de toute accusation le Sieur PIERRE-JOSEPH DE CASTELLAN, Capitaine de Pavillon dudit Vaisseau l'*Auguste*.

Et ledit Sieur AUGUSTIN DE TRUGUET, Lieutenant de Vaisseau, embarqué sur ledit Vaisseau, faisant les fonctions de Major de ladite Escadre bleue.

L'ARDENT.

A déclaré & déclare la conduite dudit JEAN-GUILLAUME-MICHEL DE GOUZILLON, commandant le Vaisseau l'*Ardent*, irréprochable dans la journée dudit 12 Avril jusqu'au moment où il a amené son Pavillon; mais pour n'avoir pas prolongé sa résistance autant qu'il eût pu le faire, l'interdit pour trois mois de ses fonctions.

Décharge de toute accusation ledit Sieur ALEXANDRE DE MALYS LE GRAND, Lieutenant, embarqué sur ledit Vaisseau en qualité de Commandant en second & de Lieutenant en pied.

Ledit Sieur GUILLAUME-CASIMIR LE VENEUR DE SIEURN.

Ledit Sieur LOUIS-CASIMIR-MARIE AVICE DE TOURVILLE.

SUITE du Vaiſſeau L'ARDENT.

Ledit Sieur JOSEPH ANASTASE DE ST. PERN.

Ledit Sieur ANTOINE PINIERE CLAVIN.

Et ledit Sieur CHARLES-FRANÇOIS DE GROING DE LA ROMAGERE, Enſeignes, embarqués ſur ledit Vaiſſeau.

LE SCIPION.

A loué & loue la conduite tenue par ledit Sieur PIERRE-ANTOINE DE CLAVEL, Capitaine, commandant le Vaiſſeau le *Scipion* dans le combat dudit jour 12 Avril, qui, quoique très-malade, s'eſt fait tranſporter ſur ſon pont où il a très-bien combattu le matin, mais trop foible par ſon état de maraſme, pour s'occuper enſuite des manœuvres qui auroient été convenables à l'exécution des ſignaux & à ſon ralliément. Sur l'accuſation contre lui intentée, met les Parties hors de Cour & de Procès.

LE BRAVE.

Décharge de toute accuſation ledit Sieur CLAUDE-FRANÇOIS REGNARD DE FUSCHAMBERG, Comte d'AMBLIMONT, Capitaine, commandant le Vaiſſeau *le Brave.*

Et ledit Sieur JEAN-BAPTISTE DE MARBOTIN RUBÉRANS, Lieutenant, embarqué ſur ledit Vaiſſeau, & chargé des ſignaux.

LE CITOYEN.

A loué & loue unanimement la conduite & les manœuvres dudit Sieur ALEXANDRE DETHY, Capitaine, commandant le Vaiſſeau *le Citoyen*, tant dans le combat que dans la journée dudit jour 12 Avril, & le décharge de toute accuſation.

L'HECTOR.

A loué & loue la mémoire de M. DE LA VICOMTÉ, Capitaine, commandant le Vaiſſeau l'*Hector*, qui a défeudu ce Vaiſſeau avec la plus grande bravoure, juſqu'à quatre heures un quart du ſoir, ledit jour 12 Avril, époque à laquelle il a été tué, ayant combattu ſans interruption depuis le matin juſqu'à deux heures & demie, & depuis cette époque, n'avoit eu que des intervalles très-courts, ayant été réattaqué par des forces ſupérieures.

A loué & loue la conduite dudit Sieur JULIEN-FRANÇOIS DE BEAUMANOIR, Capitaine, embarqué en qualité de Lieutenant, & en ſecond ayant pris le commandement dudit Vaiſſeau, à quatre heures un quart ledit jour 12 Avril, & a continué le combat pendant un quart d'heure, malgré l'état de délabrement où ſe trouvoit réduit le Vaiſſeau à ladite époque, & le décharge de toute accuſation.

SUITE du Vaiſſau L'HECTOR.

Décharge pareillement de toute accuſation ledit Sieur FRANÇOIS-PIERRE-JEAN DE KERMORIAL, Lieutenant de Vaiſſeau.

Ledit Sieur MARIE-JEAN-ÉLIE DEMOULINS DE ROCHEFORT, auſſi Lieutenant de Vaiſſeau.

Ledit Sieur CHARLES-ARMANT-MATHURIN DE LA GARDE, Lieutenant de Frégate.

ET ledit Sieur JEAN BASSIERE, Officier Auxiliaire; tous embarqués ſur ledit Vaiſſeau.

Décharge de toute accuſation la mémoire dudit Sieur JOSEPH-FRANÇOIS-HUBERT DE LA HAYRIE, Lieutenant, embarqué ſur ledit Vaiſſeau, décédé dans le cours de l'inſtruction.

Le Conſeil de Guerre juge les Officiers de terre & de mer, embarqués ſur ledit Vaiſſeau, ſuſceptibles des graces du Roi & de l'eſtime de la Nation, ainſi que l'Équipage.

LE CÉSAR.

Le Conſeil de Guerre a unanimement loué & loue la mémoire de M. DE MARIGNY, Capitaine, commandant le *Ceſar*, pour avoir combattu avec la plus grande valeur, ledit jour 12 Avril juſqu'à neuf heures du matin, qu'il a été bleſſé mortellement.

A loué & loue la conduite dudit Sieur MICHEL-GEORGES LAUB, Capitaine, embarqué en ſecond ſur ledit Vaiſſeau, dont il a pris le commandement à cette époque, ayant combattu ſans interruption juſqu'à trois heures & demie avec la plus grande opiniâtreté, & fait la plus belle défenſe juſqu'au moment où il a été forcé de céder aux forces ſupérieures, n'ayant plus que trente-ſix coups de canon à tirer de tous calibres, & ayant ſes voiles en lambeaux & ſes mâts hors de ſervice. En conſéquence, le décharge de toute accuſation.

Décharge pareillement de toute accuſation ledit Sieur LOUIS SIMONY DE BROUTIERES, Enſeigne ſur ledit Vaiſſeau.

Et ledit Sieur JOSEPH RUAULT DUPLACY, Officier Auxiliaire, embarqué ſur ledit Vaiſſeau.

Loue auſſi les Officiers de terre & de mer, embarqués ſur ledit Vaiſſeau, & les juge ſuſceptibles des graces du Roi & de l'eſtime de la Nation, pour avoir combattu avec tant de valeur, de ſang froid & fait une ſi belle réſiſtance, ainſi que l'Équipage.

VAISSEAUX.

LE DAUPHIN ROYAL.

Sur l'accuſation intentée contre ledit Sieur Pierre-Antoine DE MONTPERROUX, Capitaine, commandant le *Dauphin Royal*; cet Officier ayant combattu valeureuſement le matin dudit jour douze Avril, avec un vieux Vaiſſeau; mais étant le ſoir éloigné de ſon poſte au corps de Bataille, le met hors de cour & de procès.

Décharge de toute accuſation ledit Sieur Jean-Baptiste-Roch DE GUERPEL DE BAR, Enſeigne, embarqué ſur ledit Vaiſſeau.

LE LANGUEDOC.

Décharge de toute accuſation ledit Sieur Jean-François, Baron d'ARROS, commandant le Vaiſſeau le *Languedoc*, Matelot d'avant de la *Ville de Paris*, dans la ligne de Bataille, Babord amures, ordre renverſé.

A ſupprimé & ſupprime tous Mémoires, Lettres & Écrits en ce qu'ils contiennent d'attentatoire à ſon honneur & à ſa réputation.

LA VILLE DE PARIS.

Décharge de toute accuſation ledit Sieur Jean-Baptiste-François DE LA VILLÉON, Capitaine de Pavillon de *la Ville de Paris*, commandant ledit Vaiſſeau ſous les ordres du Général.

Ledit Sieur Pierre-Réné-Marie DE VAUGIRAUD DE ROSNAY, Capitaine, faiſant les fonctions de Major de l'Armée.

Ledit Sieur Jean-Baptiste DE CIBON, Capitaine, embarqué ſur ledit Vaiſſeau en qualité d'Intendant de l'Armée.

Ledit Sieur Jean-Louis TREDERN DE LEZEREC, Lieutenant de Vaiſſeau.

Ledit Sieur Jean-Louis-Charles, Chevalier DE BRACH, Lieutenant de Vaiſſeau.

Ledit Sieur Jacques-Paul-Robert DE LEZARDIERE, Enſeigne de Vaiſſeau.

Ledit Sieur Charles DE BLAIS, auſſi Enſeigne.

Ledit Sieur François-Marie DU BOUEXIC, auſſi Enſeigne.

Et ledit Sieur Joseph DE TANOUARN, auſſi Enſeigne; tous embarqués ſur la *Ville de Paris*.

LA COURONNE.

Décharge de toute accuſation ledit Sieur Claude DE MITHON, Capitaine, commandant le Vaiſſeau la *Couronne*, Matelot de l'arriere de la *Ville de Paris*, dans la ligne de Bataille, Babord amures, ordre renverſé.

A ſupprimé & ſupprime tous Mémoires, Lettres & Écrits en ce qu'ils contiennent d'attentatoire à ſon honneur & à ſa réputation.

L'ÉVEILLÉ. Décharge de toute accusation ledit Sieur ARMAND LE GARDEUR DE TILLY, Capitaine, commandant le Vaisseau l'*Éveillé*.

LE SCEPTRE. Décharge de toute accusation ledit Sieur LOUIS DE RIGAUD, Comte DE VAUDREUIL, Chef-d'Escadre, commandant le Vaisseau le *Sceptre*.

LE GLORIEUX. Le Conseil de Guerre témoigne ses regrets sur la perte de M. le Baron d'ESCARS, Capitaine, commandant le Vaisseau le *Glorieux*, & loue sa mémoire, ayant fait une vigoureuse défense jusqu'à neuf heures du matin, ledit jour douze Avril; époque à laquelle il a été tué, ayant été successivement combattu par l'Amiral Anglois & son Matelot d'arriere, qui ont laissé son Vaisseau sans mâts quelconques.

Décharge de toute accusation ledit Sieur JEAN-HONORÉ DE TROGOFF DE KERLESSY, Lieutenant de Vaisseau, ayant pris le commandement dudit Vaisseau à la place dudit Sieur Baron d'ESCARS, ledit jour douze Avril.

Décharge pareillement de toute accusation ledit Sieur LOUIS-HYPOLITE-MARIE URVOY DE PORTZAMPARC, Enseigne de Vaisseau.

Et ledit Sieur CHARLES-PAUL-LEONARD DE MONTIGNY, aussi Enseigne; tous deux embarqués sur ledit Vaisseau.

A loué & loue la conduite dudit Sieur DE TROGOFF dans son opiniâtreté, dans la défense dudit Vaisseau, sa résistance, sa valeur, ses ressources & sa résolution, sont des titres qui lui méritent les graces du Roi & lui assurent l'estime du Corps.

Loue pareillement la conduite des Officiers de terre & de mer qui l'ont si bien secondé dans sa défense, ainsi que l'Équipage dudit Vaisseau, qui ont combattu avec courage & fermeté, & qui, par cette considération, méritent également les graces du Roi.

LE DIADEME. Décharge de toute accusation la mémoire du Sieur LOUIS-AUGUSTIN DE MONTECLER, Capitaine, commandant le Vaisseau le *Diadême*, décédé dans le cours de l'instruction.

LE DESTIN. Décharge de toute accusation ledit Sieur FRANÇOIS-LOUIS-EDME-GABRIEL DU MAITZ DE GOIMPY, Capitaine, commandant le Vaisseau le *Destin*.

LE MAGNANIME

Décharge de toute accuſation ledit Sieur JEAN-ANTOINE LE BEGUE, Capitaine, commandant le Vaiſſeau le *Magnanime*.

Lui enjoint d'être à l'avenir plus circonſpect dans ſes termes & expreſſions qu'il ne l'a été dans ſon journal & ſon compte rendu au Miniſtre, à l'occaſion du Combat dudit jour douze Avril.

LE RÉFLÉCHI.

Décharge de toute accuſation ledit Sieur CHARLES DE MÉDINE, Capitaine, commandant le *Réfléchi*.

LE CONQUÉRANT.

Décharge de toute accuſation ledit Sieur CHARLES-MARIE DE LA GRANDIERE, Capitaine, commandant le Vaiſſeau le *Conquérant*.

LE MAGNIFIQUE

Décharge de toute accuſation ledit Sieur JEAN-BAPTISTE DE MACARTY MACTEIGUE, Capitaine, commandant le *Magnifique*.

Et le loue de ſa valeur dans le Combat dudit jour douze Avril, & de ſon activité, tant dans l'exécution des mouvemens de ſon Vaiſſeau que pour rallier avec le Commandant de ſon Eſcadre la *Ville de Paris*, & de ſon attention à ſe poſter de maniere à conſerver ſon poſte de Matelot du *Triomphant*.

LE TRIOMPHANT.

Décharge de toute accuſation ledit Sieur LOUIS-PHILIPPE DE RIGAUD, Marquis de VAUDREUIL, Lieutenant-Général, commandant la ſeconde Eſcadre de l'Armée du Roi ſur le Vaiſſeau le *Triomphant*.

Et loue ſa conduite dans toutes les circonſtances de la journée, dudit jour douze Avril, tant comme Commandant dudit Vaiſſeau, que comme Général, commandant la ſeconde Eſcadre.

A ſupprimé & ſupprime toutes Lettres, Mémoires & Écrits en ce qu'ils contiennent d'attentatoire à ſon honneur & à ſa réputation.

Décharge pareillement de toute accuſation ledit Sieur JOSEPH-SATURNIN DE MONTCABRIÉ DE PEYTES, Capitaine de Pavillon ſur ledit Vaiſſeau, à la place de M. le Chevalier DU PAVILLON, tué au Combat dudit jour douze Avril.

Et ledit Sieur LOUIS FROGER, Chevalier DE L'ÉGUILLE, Lieutenant, embarqué ſur ledit Vaiſſeau, faiſant les fonctions de Major de ladite Eſcadre.

Loue la mémoire dudit Sieur CHEVALIER DU PAVILLON, pour avoir combattu valeureuſement juſqu'à la mort ledit jour.

LA BOURGOGNE.

Décharge de toute accuſation ledit Sieur CHARLES DE CHARITTE, Capitaine, commandant le Vaiſſeau la *Bourgogne*.

Et le loue de ſes manœuvres pendant la journée dudit douze Avril.

LE DUC DE BOURGOGNE.

Pour par ledit Sieur CHARLES-RÉGIS CORIOLIS D'ESPINCUSE, Chef-d'Eſcadre, montant le Vaiſſeau le *Duc de Bourgogne*, s'être trop occupé dans l'après midi dudit jour douze Avril, du danger de démâter, au lieu de faire tout ſon poſſible pour ne pas s'éloigner de ſon Eſcadre; le Conſeil de Guerre le condamne à être mandé en la Chambre du Conſeil, pour y être admoneſté en préſence du Tribunal aſſemblé.

Décharge de toute accuſation ledit Sieur JOSEPH-FRANÇOIS-SAMSON DE CHAMPMARTIN, Capitaine de Pavillon dudit Vaiſſeau.

LE MARSEILLOIS.

Décharge de toute accuſation ledit Sieur HENRI-CÉSAR DE CASTELLANNE MAJASTRE, Capitaine, commandant le Vaiſſeau le *Marſeillois*.

Et le loue de ſon zèle, de ſa fermeté & de ſon attention la plus ſuivie dans l'exécution des mouvemens généraux de ſon Eſcadre & de ceux particuliers de ſon Vaiſſeau, dans ladite journée du 12 Avril.

LE PLUTON.

Décharge de toute accuſation ledit Sieur FRANÇOIS HECTOR D'ALBERT DE RIONS, Capitaine, commandant le Vaiſſeau le *Pluton*, & loue ſa conduite dans ladite journée.

LA FRÉGATE L'AMAZONNE.

Décharge de toute accuſation ledit Sieur CHARLES ELZEAR BOURGAREL DE MARTIGNAN, Enſeigne de Vaiſſeau, commandant la Frégate l'*Amazonne*, au lieu & place de M. DE MONGUYOT, commandant ladite Frégate.

Le Conſeil de Guerre honore la mémoire dudit Sieur DE MONTGUYOT, tué dans un combat poſtérieur audit jour 12 Avril

LA FRÉGATE L'AIMABLE.

Décharge de toute accuſation ledit Sieur JEAN-BAPTISTE-FRANÇOIS DE SUZANNET, Lieutenant de Vaiſſeau, commandant la Frégate l'*Aimable*.

LE CLAIR-VOYANT.

Décharge de toute accuſation ledit Sieur FRANÇOIS-ROBERT, Vicomte d'ACHÉ, Enſeigne de Vaiſſeau, commandant le Cutter le *Clair-voyant*.

Et le loue de ſa conduite dans la journée dudit 12 Avril.

LA FRÉGATE LA GALATHÉE.

Décharge de toute accusation ledit Sieur JOACHIM DEROQUART, Lieutenant de Vaisseau, commandant la Frégate la *Galathée*.

LA CORVETTE LA CERÈS.

Décharge de toute accusation ledit Sieur LOUIS-JEAN-MARIE, Baron de PAROY, Lieutenant de Vaisseau, commandant la Corvette la *Cérès*.

LA FRÉGATE LE RICHEMONT.

Le Conseil de Guerre a loué & loue la mémoire de M. le Vicomte DE MORTEMART, commandant la Frégate le *Richemond*, ayant été infiniment utile ledit jour 12 Avril, par sa manœuvre hardie & distinguée, en prenant le *Glorieux*, à la remorque, qu'il a conservé avec opiniâtreté sous le feu de l'ennemi, ne l'ayant abandonné qu'après les ordres réitérés de M. DE TROGOFF, commandant le *Glorieux*, qui voyoit que cette Frégate alloit être entourée : cette action hardie & valeureuse, justifie les regrets que le Corps conserve d'avoir perdu ce brave Militaire.

Décharge de toute accusation ledit Sieur JOSEPH-LOUIS DE CANILLAC, embarqué en qualité de Lieutenant de Vaisseau, & en second sur ladite Frégate.

Sur le surplus des demandes des Parties, les met hors de Cour & de Procès.

Ordonne que le présent Jugement sera imprimé à la diligence du Procureur du Roi au nombre de cinq cents Exemplaires, ou tel autre nombre qu'il plaira à Sa Majesté de fixer.

JUGÉ en ladite Chambre du Conseil à l'Orient le vingt-un Mai mil sept cent quatre-vingt-quatre : *Signé sur la minute ;*

D'ARBAUD,	CHERISEY,
THEVENARD,	HUON DE KERMADEC
BALLEROY,	DE NIEUIL,
D'APCHON,	MARIN,
LAMOTTE PICQUET,	DESHAYES DE CRY,
LACARRY,	DU BOUEXIC DE GUICHEN,

B R E U G N O N.

Signé sur la Copie, BOURGOIN, *Greffier.*

A l'ORIENT, de l'Imprimerie de L. C. R. BAUDOIN, Imprimeur du Roi & de la Marine.

www.ingramcontent.com/pod-product-compliance
Ingram Content Group UK Ltd.
Pitfield, Milton Keynes, MK11 3LW, UK
UKHW020507180726
13839UKWH00004B/1963

9 782329 344294